Mein Geschichten-Schreibheft 1

Verlag an der Ruhr

Impressum

Titel
Mein Geschichten-Schreibheft 1

Autoren
Redaktionsteam Verlag an der Ruhr

Illustrationen
Anja Boretzki

Druck
Athesia Druck GmbH, Bozen, IT

Verlag an der Ruhr
Mülheim an der Ruhr
www.verlagruhr.de

PEFC-zertifiziert
Dieses Produkt stammt aus nachhaltig bewirtschafteten Wäldern und kontrollierten Quellen
PEFC/18-31-166
www.pefc.de

Geeignet für Kinder ab 6 Jahren

1. Auflage, 5. Druck 2026
ISBN 978-3-8346-2312-6

Außerdem sind folgende Schreibhefte erhältlich:

Mein Wörter-Schreibheft – erste Rechtschreibregeln
Kl. 1, 48 S., A5 quer, Heft
ISBN 978-3-8346-2249-5

Mein Wörter-Schreibheft – Groß- und Kleinschreibung
Kl. 1, 48 S., A5 quer, Heft
ISBN 978-3-8346-2251-8

Mein Wörter-Schreibheft – lautgetreue Wörter
Kl. 1, 48 S., A5 quer, Heft, + MP3-Download
ISBN 978-3-8346-0943-4

Mein Wörter-Schreibheft – schwierige Wörter
Kl. 1, 48 S., A5 quer, Heft
ISBN 978-3-8346-2250-1

Schreibe zu den Bildern.

Datum

Datum

Datum

Schreibe zu den Bildern.

Datum

Datum

Schreibe zu den Bildern.

Datum

Datum

Schreibe zum Bild.
Finde eine passende Überschrift.

Datum

Schreibe zum Bild.
Finde eine passende Überschrift.

Datum

Schreibe zum Bild.
Finde eine passende Überschrift.

Datum

Schreibe zum Bild.
Finde eine passende Überschrift.

Datum

Schreibe eine Bildergeschichte.

Datum

Schreibe eine Bildergeschichte.

Datum

Ordne den Bildern eine Reihenfolge zu. Schreibe eine Bildergeschichte.

Datum

Ordne den Bildern eine Reihenfolge zu.
Schreibe eine Bildergeschichte.

Datum

Ordne den Bildern eine Reihenfolge zu.
Schreibe eine Bildergeschichte.

Datum

Ordne den Bildern eine Reihenfolge zu. Schreibe eine Bildergeschichte.

Datum

Male ein weiteres Bild hinzu. Schreibe eine Bildergeschichte.

Datum

Datum

Male ein weiteres Bild hinzu.
Schreibe eine Bildergeschichte.

Datum

Male ein weiteres Bild hinzu. Schreibe eine Bildergeschichte.

Datum

Male ein weiteres Bild hinzu.
Schreibe eine Bildergeschichte.

Datum

Male weiter.
Schreibe eine passende Geschichte.

Datum

Datum

Male weiter.
Schreibe eine passende Geschichte.

Datum

Male weiter.
Schreibe eine passende Geschichte.

Datum

Male weiter.
Schreibe eine passende Geschichte.

Datum

Male weiter.
Schreibe eine passende Geschichte.

Datum

Male weiter.
Schreibe eine passende Geschichte.

Datum

Male das Bild weiter.
Schreibe eine passende Geschichte zur Überschrift.

Datum

Der Wunsch

Male das Bild weiter.
Schreibe eine passende Geschichte zur Überschrift.

Datum

Der große Koffer

Male das Bild weiter.
Schreibe eine passende Geschichte zur Überschrift.

Datum

Der freche Dieb

**Male das Bild weiter.
Schreibe eine passende Geschichte
zur Überschrift.**

Datum

Hinter der Tür

Schreibe eine Geschichte.
Verwende dabei mindestens 3 dieser Wörter.
Kreuze sie an.

Datum

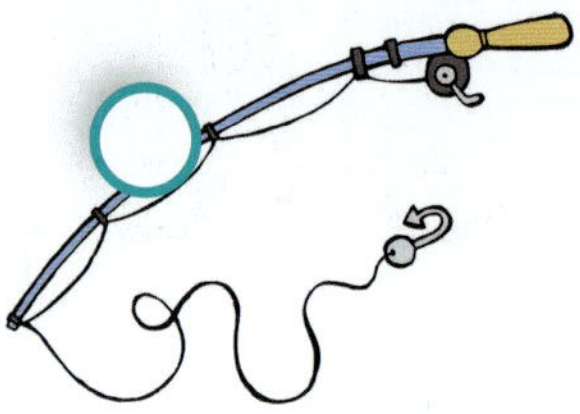

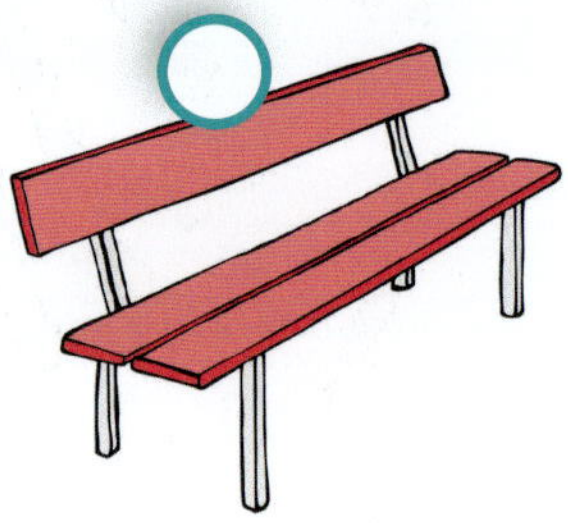

Schreibe eine Geschichte. Verwende dabei mindestens 3 dieser Wörter. Kreuze sie an.

Datum

Schreibe eine Geschichte.
Verwende dabei mindestens 3 dieser Wörter.
Kreuze sie an.

Datum